ÉGALITÉ. LIBERTÉ.

JE suis dénoncé, dénoncé publiquement, je rends ma justification publique, c'est le seul moyen avec lequel je répondrai aux reproches qu'on pourra me faire.

DUPRAT.

Castres, Département du Tarn, le premier jour des Sans-culottides, l'an second de la République Française, une & indivisible.

Adresse de la Société Populaire de Castres contre Duprat.

Réponses de Duprat à ladite Adresse.

Une grande lutte s'était élevée dans le sein de notre Société, & elle vient d'être heureusement terminée à l'avantage de la chose publique.

La lutte était grande en effet, considérée sous le rapport des passions particulières qui lui ont donné naissance, elle était petite sous le rapport de la chose publique qu'elle n'intéressait nullement; ce n'est pas au reste à moi à juger si cette chose publique gagnera ou perdra par la maniere dont cette lutte individuelle a été terminée par la Société, le temps l'apprendra & c'est à lui que je m'en réfere.

Un Dominateur vient d'être terrassé après la plus mûre discussion,

Rien n'est plus facile que de donner une épithète, rien ne l'est moins que de la justifier; qu'on cite mes *quoique pour en arrêter les effets le machiavélisme le plus consommé eût épuisé toutes les métamorphoses & les tortuosités qui le distinguent.*

actes de domination, car je déclare que je ne m'attacherai pas à combattre & à réfuter les mots mais les choses; quant au machiavélisme à qui l'on fait jouer ici un si grand rôle, j'avoue que je suis aussi neuf sur ce systême *tortueux*, que la grande majorité de la Société qui, avant ce jour, avait le bonheur d'ignorer jusqu'à la signification de ce terme; mais je sais bien que loin d'entraver la discussion, je l'ai fortement provoquée, & que j'ai constamment appuyé toutes les demandes pour la prolonger afin que la Société fût parfaitement éclairée.

Un Étranger, un Suisse.

Oui, & je dis avec orgueil que, n'ayant pas le bonheur d'être né Français, & Français libre, je me glorifie d'avoir vu le jour dans la terre qui a produit les Guillaume Tell, & que dans l'Europe entiere il n'est que la France Républicaine pour laquelle il me soit doux de consentir à vivre loin de ma Patrie originelle.

Ex-Ministre Protestant.

Oui, & qui garde avec soin les discours qu'il a prononcés comme monumens de sa haine raisonnée pour la Royauté & la Tyrannie, pour la superstition & le fanatisme, & de son amour pour les grands principes d'égalité, de liberté, de philantropie & de morale qu'il a ouvertement professés.

Ex-Précepteur d'une maison ci-devant Noble & riche, dont il a épousé la fille.

Oui, jusques au commencement de 1789, j'étais depuis deux ans Précepteur de trois jeunes Eleves dans une maison ci-devant Noble & riche, connue par sa simplicité, sa popularité & sa bienfaisance ; je la quittai à cette époque, j'ai depuis donné quelques soins à l'éducation de mes anciens Eleves, ils sont là pour répondre sur les principes que je leur ai inspiré. Oui, j'ai épousé la fille qui, à l'âge de dix-huit ans, a preféré un Ministre sans fortune à des partis riches de ci-devant nobles.

Nouveau pour nous dans la carrière révolutionnaire.

Oui, si les Certificats de Civisme, les Diplômes & autres attestations de Patriotisme depuis 1789 sont des titres de nouveauté en principes révolutionnaires.

Duprat s'était fait nommer, en surprenant nos suffrages par ses talens oratoires, Membre du Comité de Surveillance de cette Commune.

Je ne sais pas si j'ai surpris les suffrages, mais voici ce que je fis pour les surprendre ; à l'époque précisément de la nomination arriva le Décret qui excluait les Etrangers de la Représentation Nationale, je fis usage de mes prétendus talens oratoires pour dire que cette Loi serait vraisemblablement étendue à toutes les places quelconques, qu'ainsi il fallait jetter les yeux sur quelqu'autre ; que d'ailleurs ma qualité de ci-devant Ministre devait être une raison pour ne pas me choisir, attendu que tout ce qui, sans être Prêtre, en approchait, devait en général exciter la défiance du peuple; on m'objecta, & c'eſt Ducru qui fit cette objection, que je n'étais plus Suiſſe, que j'étais devenu Français, & que dans tous les cas s'il venait une Loi pour m'exclure, la Société ſerait à temps de procéder à mon remplacement, & l'ordre du jour ſur ma réclamation fut adopté.

Il était le Régulateur de ce Comité.

Je ſuis encore au Comité, ce que j'y ai toujours été, ce n'eſt pas à moi à me juſtifier & à juſtifier mes Collègues du reproche de les avoir réguLariſé; je me contente de les inviter à s'expliquer à la fin de ma juſtification.

Son Deſpotiſme s'étendait juſques ſur notre Société, dont il comprimait l'énergie & influençait les Délibérations.

Je l'ai déja dit, je ne réponds pas aux mots mais aux choſes; je demande quel acte d'énergie j'ai arrêté de la part de la Société; quelles propoſitions énergiques j'ai, je ne dis pas comprimées, mais quelles je n'ai pas appuyées ou provoquées? J'influençais les Délibérations, c'eſt-à-dire, que j'émettais mon opinion, que je combattais ou que je défendais celles des Sociétaires ſelon que je jugeais devoir les combattre ou les défendre, que mes raiſons perſuadaient ou ne perſuadaient pas; je défie, je ne dis pas qu'on me prête, mais qu'on me prouve que j'ai exercé une autre eſpèce d'influence dans la Société.

Depuis long-temps

Ce n'eſt pas à moi à juſtifier l'opi-

nous pressentions que les égoïstes & les spéculateurs sur la misère publique fondaient principalement leur espoir sur lui, & que des patriotes prononcés étaient déja marqués ; nous ne nous étions pas trompés, l'arêne s'ouvrit le 23 de ce mois, le 24 le patriotisme fut plus sérieusement aux prises avec son ennemi le plus déclaré, & ce fut après cette discussion, qui n'était pas à beaucoup près à l'avantage de Duprat, que ce citoyen fit fair par le Comité de surveillance révolutionnaire l'adresse dont copie est ci-jointe ; cette adresse dont Duprat était le moteur, l'auteur & le rédacteur, ne fut remise à l'impression que le 25 à huit heures du matin ; elle n'est que la répétition des reproches qui lui furent faits, il s'y est peint d'après nature, & il nous aurait été impossible de faire de lui un portrait plus fidèle que celui qu'il a eu l'intention

nion des 63 sociétaires qui ont voté pour ma conservation ; mais c'est à moi à dire, que si j'en eusse connu parmi eux qui méritassent le reproche d'égoïste & de spéculateur sur la misère publique, je les aurais dès longtemps démasqués, que je me serais opposé à leur admission dans la Société populaire, ou que j'aurais demandé leur exclusion dans les trois épurations qui viennent d'y être faites ; au reste, leurs noms sont connus, & le temps apprendra encore si je méritais leur suffrage, & s'ils méritent eux-mêmes le reproche qu'on leur fait.

Quant à la discussion qu'on prétend ne m'avoir pas été favorable, il n'y a qu'à consulter le procès-verbal du 24 : Il est vrai qu'on a nommé une Commission pour le modifier, je ne sais ce que cela prouve, mais je sais bien que mes juges sauront ce que cela annonce ; du reste, quoi qu'on y ajoute, je m'engage à le réfuter avec la même clarté & la même force que la présente adresse.

Quant à l'adresse du Comité elle était délibérée, faite & adoptée depuis le 24, avant la séance de la Société ; je ne dirai rien sur son prétendu moteur, auteur & rédacteur qui s'y est dépeint au naturel ; je me contente encore d'invoquer le témoi-

d'appliquer à un grand nombre de patriotes anciens, prononcés, reconnus, & désintéressés de cette Commune.

gnage de mes collègues; je ne peux & ne dois pourtant m'empêcher d'observer que le Comité n'a jamais vu, & qu'il ne verra jamais d'applications individuelles & personnelles, qu'il proclame les grands principes qu'il croit utiles, & quand il voit que ces principes ont naturellement trouvé leur application, il se confirme dans la persuasion qu'il a sagement fait de les proclamer.

Cet homme avide de domination a été principalement trahi par son ambition à deux époques marquantes; dans l'une il refusa d'être secrétaire de la Société, parce qu'il ne voulait être que président; dans l'autre il dédaigna la place d'Administrateur de District, pour laquelle la Société l'avait désigné, parce que, disait-il, cette place était trop matérielle, & néanmoins il accepta celle de membre du comité de surveillance, prouvant ainsi, qu'il aimait mieux servir ses passions que la chose publique.

J'ai refusé une fois, il est vrai, d'être secrétaire de la Société, par la raison naturelle & légitime que j'avançai, c'est que n'étant pas alors domicilié en ville, j'étais forcé à des absences incompatibles avec les fonctions de cette place; j'aurais à plus forte raison & par le même motif refusé celle de président: depuis mon séjour en ville j'ai rempli souvent l'une & l'autre avec le même zèle & la même exactitude.

Je n'ai jamais dédaigné aucune place; j'ai refusé, il est vrai, d'être désigné pour Administrateur du District, parce que cette place me paraissait peu analogue avec le genre de mes connaissances & de mes moyens, je peux m'être trompé, je peux même avoir eu tort, la Société ne m'en fit pas un crime, puisque deux jours après elle me désigne encore, malgré mes réclamations, comme je l'ai dit, pour le Comité de ſurveillance, dans lequel je défie qu'on me reproche avec fondement d'avoir porté d'autre paſſion que celle du bien public, j'en appelle encore à mes collègues & à nos regiſtres.

Mais pouvait-il deſpotiſer long-temps Duprat qui voulait ſe faire déclarer l'homme néceſſaire. Prévenu qu'il devait être dénoncé par la Société de Bergerac, il annonce à la Société qu'il veut entreprendre un voyage; mais ajouta-t-il au premier fruit de mon départ, l'ariſtocratie ne ſourira-t-elle pas, le modérantiſme ne s'en applaudira-t-il pas, l'intrigue n'y voudra-t-elle pas ſe remuer encore; à ces mots, un flatteur s'élève, & après l'avoir appellé l'homme néceſſaire, il l'invite au nom de la Société, dont il ſe rend l'organe, de renoncer à ſon projet.

Il eſt vrai que j'eus l'idée de faire un voyage en Suiſſe, mais c'était ſi peu par la crainte d'une dénonce de Bergerac, que j'avais moi-même anticipé ſur ſon arrivée en la faiſant connaître à la Société, laquelle après m'avoir entendu paſſa à l'ordre du jour, motivé « ſur ce que la lettre » de Bergerac ne portait atteinte » ni à mon patriotiſme ni à ma probité, qui étaient l'un & l'autre » atteſtés de la manière la plus » éclatante par les Sociétés populaires de Bergerac & de Montauban, ainſi que par les Autorités » conſtituées de ces deux villes; » atteſtations qui étaient pleinement » juſtifiées par ma conduite à » Caſtres; ordre du jour ainſi motivé » (je cite mot à mot le procès-verbal,) qui fut une fois encore adopté, lorſque la lettre de Bergerac fut apportée, comme dénonce contre moi, par les Commiſſaires de la Société populaire de Sorèze qui l'avait provoquée; mais il eſt vrai de dire que je renonçai à mon projet, parce qu'une foule de bons Citoyens m'en détournerent par des raiſons que la délicateſſe m'empêche d'énon-

cer, mais que ces mêmes Citoyens diraient eux-mêmes s'ils étaient interpellés ; ce ne fut donc pas à la voix d'un flatteur que je me rendis, car j'abhorre autant la flatterie dont je suis l'objet, que je suis incapable d'en user envers autrui ; & l'on sait, malheureusement trop pour moi, que je n'ai jamais flatté personne ; supposé même que la crainte d'une dénonce m'eût fait entreprendre un voyage, elle n'était donc pas bien forte cette crainte, puisqu'elle céda avec tant de complaisance à la voix d'un adulateur.

Représentans du Peuple, le masque est tombé le 25, nous vous adressons copie du procès-verbal de notre dernière séance relative au citoyen Duprat que nous n'avons pas jugé digne de siéger parmi nous ; nous pensons qu'il ne mérite pas plus, & qu'il serait même dangereux pour la chose publique qu'il conservât ses fonctions de membre du Comité de surveillance-révolutionnaire de cette Commune.

Nous saisissons cette occasion pour renouveller notre serment, de ne

Il est vrai, 77 sociétaires m'ont, je ne dis pas jugé indigne de siéger parmi eux, mais ont voté pour mon exclusion de la Société ; tandis que 63 ont cru qu'ils pouvaient me regarder comme leur frère en patriotisme. Représentans, veuillez lire, & les procès-verbaux, notamment celui d'après lequel fut proposée ma réjection, & les raisons simples, vraies & sans art que j'oppose à l'adresse dénonciative, & vous déciderez ensuite dans votre justice, si dans cette circonstance, les voix ne doivent être pesées, plutôt que comptées, & si, dans cette hypothèse, 63 ne l'emportent pas sur 77.

Je saisis cette occasion pour vous faire le serment, de préférer mille fois l'exclusion d'une Société popu-

souffrir parmi nous aucun ambitieux ni dominateur, & de rejetter tous ceux qui nous paraîtraient vouloir mettre leur intérêt personnel à la place du bonheur général.

Signé, COUCHET, *président.*

Azais-Oulés, Ricard, Fontés, *secrétaires.*

laire, à fléchir devant autre chose que les grands principes qui doivent la diriger, & de regarder comme une gloire toute réjection qui n'est pas fondée sur ces grands principes.

DUPRAT.

Extrait des Registres du Comité révolutionnaire de Castres,

Séance du premier jour des Sanculotides.

Présidence D'ALBERT, fils.

SUR la demande de Duprat, pour que le Comité s'explique sur le reproche à lui fait d'en avoir été le régulateur; ainsi que le moteur, l'auteur & le rédacteur de l'adresse du vingt-quatre, il a été délibéré que le Comité inscrirait à la fin de la justification de Duprat, la déclaration ci-après :

Nous, membres du Comité de surveillance-révolutionnaire de la Commune de Castres, rejettons comme calomnieuse pour nous & pour notre collègue Duprat, l'inculpation d'avoir eu ce collègue pour régulateur; déclarons que nous n'en eûmes & que nous n'en aurons jamais d'autres que les principes, les lois, les actions, nos lumières & notre conscience; déclarons en outre que notre adresse du vingt-quatre, attribuée uniquement à Duprat, n'est nullement son ouvrage personnel, qu'elle est celui de nous tous qui l'avons provoquée, votée & adoptée unanimement, par la persuasion seule du bien qu'elle devoit produire; déclarons en outre que n'ayant pu être imprimée le vingt-quatre au ſoir, Duprat dans la ſéance du vingt-cinq au matin demanda le rapport de cette adreſſe, à raiſon de la diſcuſſion qui avait eu lieu le ſoir à la Société populaire à ſon égard ; mais que, malgré que les raiſons qu'il donna pour le rapport fuſſent goûtées, elles ne prévalurent point ſur les vues générales d'intérêt public qui avoient décidé à la faire ; déclarons enfin que dans toute ſa conduite parmi nous, Duprat n'a eu d'autre règle que la nôtre, l'amour ſeul de la révolution.

Pour copie conforme aux regiſtres.

ALBERT fils, *Préſident.*

COSTE cadet, *Secrétaire.*

OBSERVATIONS.

Caſtres, le 4e. Vendémiaire.

Mon dénonciateur Severac ayant dit à la Société populaire de Caſtres que j'avais bien pu avoir extorqué les atteſtations de patriotiſme que je poſſédais, mes collègues crurent devoir s'aſſurer de la vérité ou de la fauſſeté du fait en écrivant au Comité révolutionnaire de Montauban, qui, comme la Société populaire & les Autorités conſtituées de cette ville, m'avait donné les témoignages les plus précieux, pour l'engager à faire prononcer la Société populaire ſur mon compte & ſur celui de Severac pendant ſon ſéjour dans cette ville ; voici la lettre que la Société populaire de Montauban écrit à celle de Caſtres, & dont elle m'envoie la copie revêtue du ſceau de ladite Société.

Copie de la lettre écrite par la Société populaire de Montauban à celle de Castres.

Du 5me. jour Sanculotide, seconde année républicaine.

FRÈRES ET AMIS,

NOUS devons à l'intérêt public, à celui de la justice & de la vérité, de vous faire part des connaissances que nous avons sur le compte de deux personnes qui figurent dans votre Commune, l'un comme accusé, & l'autre comme accusateur. Le Comité de surveillance de votre Commune écrit à celui de la nôtre, afin qu'il fasse prononcer notre Société, sur la conduite morale & politique de Duprat, pendant son séjour dans notre cité, ainsi que sur la conduite de Severac, lorsqu'il y fut à l'époque où le Représentant Beaudot y étoit.

Eh bien, frères & amis, lorsque Duprat parut pour la première fois dans notre Société, il s'y prononça clairement, & c'étoit pour l'opinion des Montagnards, il s'est toujours soutenu dans les mêmes principes pendant son séjour dans cette commune, il a coopéré avec nous au bien public avec zèle, intelligence & désintéressement, & nous n'avons aucune connaissance que sa vie privée ait démenti sa vie politique. Lors de son départ nous lui donnâmes des attestations justes autant qu'honorables; ainsi le connaissant bon patriote, nous serions bien étonnés de le savoir proscrit chez vous comme incivique, si le nom de son accusateur ne donnait le mot de l'énigme.

Severac vint dans cette Commune pour rendre ses services à *Monsieur le Comte de Brassac*, arrêté à son passage ici comme très-suspecté d'avoir des intelligences avec les rébelles de la Vendée, dont on trouva dans sa valyse le signe de ralliement.

Severac, ſous les couleurs patriotiques, ſe gliſſa parmi les membres des Autorités conſtituées, tâcha de les appitoyer, il n'y réuſſit pas.

Voilà, frères & amis, de quoi diſſiper tous les doutes : un homme qui ne paraît jouer le patriotiſme, qu'afin de pouvoir protéger les ariſtocrates, doit tout naturellement chercher à déſunir les patriotes. Le défenſeur du *Comte de Braſſac* peut bien ſe porter accuſateur de Duprat, ſur-tout ſi Duprat eſt toujours patriote, ce qui eſt probable, d'après la conduite qu'il a conſtamment tenue tant qu'il a réſidé parmi nous.

Nous croyons, frères & amis, vous en avoir dit aſſez, & que vous verrez avec ſatisfaction que nous vous fourniſſons une occaſion de ſauver un patriote : la haute idée que nous avons de votre civiſme nous garantit que vous la mettrez à profit.

SALUT ET FRATERNITÉ.

Pour Copie conforme,

Le Secrétaire expéditionnaire de la Société,

DABRIN, fils.

RÉPUBLICAINS MONTALBANAIS,

Vous m'avez encore une fois rendu juſtice, recevez encore une fois l'expreſſion de ma ſenſibilité pour cette nouvelle preuve de votre confiance ; j'ai été digne de vous tout le temps que j'ai vécu dans votre cité, je n'ai pas ceſſé un inſtant de l'être depuis que j'en ſuis éloigné : liſez les inculpations qu'on me fait, liſez mes réponſes ; peſez les unes & les autres dans la balance de l'impartialité, & ſi elle ne panche pas toute en ma faveur, je consens au plus grand, au dernier des malheurs, celui de perdre votre confiance avec votre estime ; mais si ma justification vous persuade, ne deviendra-t-elle pas pour moi un nouveau droit à votre attachement, comme votre témoignage devient pour vous un nouveau titre à mon amour.

Salut, Fraternité, Amitié.

DUPRAT.

Il n'est pas hors de propos, pour éclairer l'opinion publique, que je fasse une observation importante sur cette lettre ; Severac, après avoir inutilement cherché à obtenir d'un membre du Comité révolutionnaire de Montauban la permission de voir Brassac, ayant consulté la citoyenne Jean-Bon-Saint-André sur les moyens de communiquer avec Brassac, & celle-ci lui ayant répondu que cette démarche la surprenait de la part d'un homme qui se disait patriote, & qu'elle la surprenait d'autant plus qu'on avait trouvé sur Brassac des signes de ralliement des rébelles de la Vendée ; Severac sortit son porte-feuille, en tira de ces mêmes signes, dit qu'ils n'étaient pas des marques des rébelles de la Vendée, & qu'il les tenait de la Marquise Brassac pour servir de pièces de comparaison avec les signes semblables trouvés sur son fils ; sur quoi la citoyenne Jean-Bon-Saint-André lui réitéra plus vivement sa surprise & l'engagea à renoncer à son projet ; mais loin de suivre ce conseil, loin d'écouter la voix du membre du Comité de surveillance, Severac eut l'adresse, dirai-je, ou l'audace de pénétrer jusques dans la prison de Brassac, avec lequel il eut, au moins, une conférence ; tant il est vrai que, quand il s'agissait d'arriver aux Comtes, il n'était nulle barrière qui ne pût être rompue : maintenant je dis, ou les signes dont Severac s'était chargé étaient ceux des rébelles de la Vendée, & alors ils étaient contre-révolutionnaires ; ils exiſtent ces ſignes trouvés ſur Braſſac, ils exiſtent dans les mains d'hommes qui ont toutes les lumières néceſſaires pour les juger, & qui, s'ils les comparent avec ceux que Severac pourra leur remettre, les compareront auſſi avec ceux qui ont été trouvés ſur les rébelles mêmes de l'horrible Vendée : ou ces ſignes n'étaient, comme le dit Severac, que des monumens antiques de ſuperſtition, & alors le tendre intérêt de Severac, pour Braſſac, peut ſeul expliquer ſon empreſſement à donner la véritable ſignification de ces ſignes, & à prévenir ou à détruire les fauſſes interprétations qu'on aurait pu leur donner; mais dans tous les cas ils venaient d'une femme ariſtocrate, pour ſervir à la défenſe d'un ariſtocrate; cela ſeul, je le demande, ne les rendaient-ils pas ſuſpects, quelle que fût d'ailleurs leur ſignification ? cela ſeul, je le demande, n'aurait-il pas dû les éloigner du porte-feuille d'un patriote ? cela ſeul, je le demande, n'aurait-il pas dû empêcher un patriote d'en être le porteur & l'apologiſte ? & par quelle vue patriotique une telle conduite pourra-t-elle être juſtifiée? par l'humanité, a répondu Severac à la Société populaire, par l'humanité, qui eſt le fond de ſon caractère, & qui ne lui permit pas de refuſer à la Braſſac, enceinte, ſa demande...... L'humanité engage donc Severac à s'intéreſſer vivement à un homme ſoupçonné d'émigration, de complicité avec les rébelles de la Vendée, d'avoir été un des Chevaliers du poignard, reconnu pour ariſtocrate prononcé par ſes Concitoyens ; certes, il faut convenir que l'humanité pour les ariſtocrates eſt innée dans la famille Severac, puiſque ſon frère accompagna le même Braſſac à Paris pour l'aider à ſe procurer ſes certificats de réſidence ; ſi les deux frères firent, comme il y a toute apparence, ces deux voyages à leurs dépens, leur humanité eſt accompagnée chez eux de ſon plus beau, de ſon plus touchant caractère, le déſintéreſſement, car ni l'un ni l'autre ne ſont riches, & l'on ſait qu'il en coûte pour voyager, du moins ſans le ſecours des ci-devant Comtes .... Et cette même humanité de Severac, ſi tendre, ſi déſintéreſſée

& si prononcée pour les aristocrates, cette même humanité qui ne peut pas résister à la voix touchante d'une jeune & belle aristocrate enceinte, cette même humanité qui annonce un caractère si doux, si compatissant, si porté à la clémence, lui fit demander, en présence du Représentant du peuple Bô, non-seulement que la terreur fût à l'ordre du jour, mais encore que la Convention nationale fût invitée à détruire toute une Ville & tout un Canton où ce Représentant avait été assassiné, malgré que les auteurs de l'assassinat eussent été punis; proposition de Severac que je ne veux pas attribuer à des intentions coupables, mais que je cite comme preuve que son humanité n'est pas aussi étendue qu'on pourrait le présumer, & comme indice du genre d'objets de prédilection sur lesquels elle se plaît particulièrement à se déployer.... Et cette même humanité le rend inexorable pour les patriotes; & cette même humanité lui fait accuser un homme qui n'a jamais dévié de la route du patriotisme, un homme qui, à l'époque du 31 Mai & jours suivans prévenait l'erreur chez ses frères de Montauban, par le récit impartial de ces journées mémorables dont il avait été le témoin, dans le même temps que lui, Severac, outrageait audacieusement la Montagne de la Convention à la Société populaire de Gaillac, où, missionnaire fédéraliste, il provoquait des mesures désastreuses pour la chose publique.... Et cette même humanité..... Je m'arrête; je suis accusé, le temps viendra où je changerai peut-être avec succès de rôle contre mon accusateur, & où on mettra en question, je ne dis pas si Severac a justifié, mais s'il est possible même qu'il justifie sa conduite à l'égard de Brassac.

Je termine par le tableau succint de ma vie politique, depuis la révolution; tableau qui ne consistera pas en mots mais en choses; les paroles peuvent éblouir & surprendre un instant, les faits éclairent & persuadent toujours.

Depuis le commencement de 89 jusques vers la fin de quatre-vingt-douze j'ai demeuré à Bergerac en qualité de ministre protestant; les discours que j'y ai prononcés sous ce rapport sont dans mon bureau ; je me propose d'en donner incessamment quelques-uns au public, peut-être ne les trouvera-t-il pas indignes d'une plume républicaine.

Mes discours ou actions & sacrifices civiques existent dans les regiftres soit de la Société populaire, soit de la Municipalité ; la preuve matérielle de ma conduite se trouve dans le certificat de civisme ci-après, dont j'ai l'original en mes mains, ainsi que ceux des autres pièces que je citerai.

Nous, Maire & Officiers municipaux de la Commune de Bergerac, District de Bergerac, Département de la Dordogne, certifions que le Citoyen Pierre-Antoine Duprat, pendant tout le temps qu'il a séjourné dans cette ville, y a donné les preuves les plus constantes de civisme & de dévouement pour le maintien & la prospérité de la République. En foi de quoi nous lui avons donné le présent certificat. A Bergerac dans la Maison Commune, le quinze Décembre mil sept cent quatre-vingt-douze, l'an premier de la République Française.

Suivent les signatures & le sceau.

Vu par nous Administrateurs composant le Directoire du District de Bergerac, le seize Décembre mil sept cent quatre-vingt douze, l'an premier de la République Française.

Suivent les signatures & le sceau.

Depuis la fin de quatre-vingt-douze jusques vers la fin de quatre-vingt-treize, j'ai demeuré à Montauban en la même qualité qu'à Bergerac, c'est l'année la plus marquante de la révolution, c'est aussi celle où je me suis le plus prononcé ; les discours que j'y ai prononcés comme ministre je les possede, & j'ai déjà dit l'usage que je me proposais d'en faire.

Mes discours ou actions & sacrifices civiques existent sur les registres de la Société populaire & de la Municipalité; j'ajoute, quant aux sacrifices, que ceux que je fis cette année s'élèvent à plus de douze cents livres, dont je possede les preuves matérielles & authentiques; le traitement que je recevais comme ministre, & qui était toute ma fortune, ne s'élèvait pas au-dessus de cette somme; mais j'avais fait quelques économies, je me trouvai heureux d'en faire cet usage; les preuves matérielles de ma conduite se trouvent dans la lettre de la Société déjà citée, & qui me dispense de citer ses diplomes; dans le certificat de civisme, la lettre & l'attestation ci-après de la Municipalité.

CERTIFICAT DE CIVISME.

Nous, Maire & Officiers municipaux, certifions que le Conseil général de la Commune de Montauban a déclaré, par sa délibération du vingt courant, à l'unanimité, que le Citoyen Pierre-Antoine Duprat professe les vertus civiques: En foi de quoi nous lui avons délivré le présent.

A Montauban, le 20 Mai 1793, l'an second de la République, une & indivisible.

Suivent les signatures & le sceau.

Visé au Comité de surveillance, le 16 Octobre 1793, l'an second de la République, une & indivisible.

Suivent les signatures & le sceau.

Montauban, le 24 Prairial, deuxième année républicaine.

LA MUNICIPALITÉ DE MONTAUBAN,

Au Citoyen DUPRAT, à Castres.

Nous te remettons ci-joint, Citoyen, le certificat que tu

nous demandes par ta lettre; c'eſt avec autant plus de plaiſir, que nous te l'accordons, que nous ne faiſons que rendre hommage à la vérité.

Suivent les ſignatures.

Nous, Maire & Officiers Municipaux de la Commune de Montauban, certifions & atteſtons à tous ceux qu'il appartiendra, que le Citoyen Pierre-Antoine Duprat, habitant actuellement la Commune de Caſtres, Département du Tarn, a habité pendant plusieurs mois de l'année 1793 (vieux ſtyle) cette Commune, qu'il s'y eſt toujours conduit en homme d'honneur & de probité, & qu'il a donné des preuves non-équivoques de toutes les vertus ſociales, civiques & morales, qui doivent diſtinguer un bon républicain. En foi de quoi, à Montauban le 24 Prairial, ſeconde année républicaine.

Suivent les ſignatures & les ſceaux.

Viſé par nous Adminiſtrateurs du Diſtrict, à Montauban le 24 Prairial, ſeconde année républicaine.

Suivent les ſignatures & les ſceaux.

Depuis la fin de 1793, juſqu'à ce jour, j'ai demeuré à Caſtres, où j'ai été ſucceſſivement membre du Comité révolutionnaire du Département du Tarn, établi par le Repréſentant du peuple Baudot, & membre de celui de ſurveillance de la Commune, établi par le Repréſentant Paganel; mes diſcours, ou actions & ſacrifices civiques exiſtent dans les regiſtres de la Société populaire & de la Municipalité. Je n'ai dans ce moment d'autre fortune que celle de ma femme, dont le maximum s'élève à mille livres de revenu; les preuves matérielles de ma conduite ſe trouvent dans le certificat de civiſme, atteſtation & carte d'hoſpitalité de la Municipalité, & dans les diplomes de la Société populaire ci-après.

CERTIFICAT DE CIVISME.

Nous Maire, Officiers municipaux & Notables de la Commune de Caſtres, chef-lieu du Département du Tarn, certifions à qui il appartiendra, que le Conſeil général de la Commune, par ſa délibération du dix-huit du courant, a accordé un certificat de civiſme au Citoyen Pierre-Antoine Duprat, domicilié dans la Commune de Caſtres, âgé de 31 ans, taille de cinq pieds un pouce, cheveux & ſourcils châtains, yeux bleus, nez aquilain, bouche petite, menton pointu, front grand, viſage ovale, après avoir ſubi les trois jours d'affiche exigés par la loi, & avoir exhibé la quittance de la contribution mobiliaire de l'année 1792. En foi de quoi avons délivré le préſent. A Caſtres le 25 Ventôſe, l'an ſecond de la république Françaiſe, une & indiviſible.

Suivent les ſignatures & le ſceau.

Viſa du Diſtrict.

Vu & vérifié par Nous Adminiſtrateurs du Diſtrict de Caſtres, Département du Tarn, le vingt-neuf Ventôſe, l'an deux de la république, une & indiviſible.

Suivent les ſignatures & le ſceau.

Viſa du Comité de ſurveillance révolutionnaire.

Vu par Nous membres du Comité de ſurveillance révolutionnaire de la Commune de Caſtres, le vingt-neuf Ventôſe, l'an ſecond de la république Françaiſe, une & indiviſible.

Suivent les ſignatures & le ſceau.

Nous, Maire & Officiers municipaux de la Commune de

Castres, Département du Tarn, soussignés, certifions & attestons que le Citoyen Pierre-Antoine Duprat, habitant de cette Commune, s'y est toujours conduit en homme d'honneur & de probité, & qu'il a donné dans tous les temps des preuves non-équivoques de toutes les vertus sociales, civiques & morales, qui doivent distinguer un républicain. En foi de quoi lui avons délivré le présent. A Castres, le vingt-deux Prairial, l'an second de la république Française, une & indivisible & triomphante.

Suivent les signatures & le sceau.

Nous Administrateurs du Directoire du District de Castres, Département du Tarn, certifions & attestons que les signatures apposées au certificat en l'autre part, sont celles des Officiers municipaux de la Commune de Castres, & que foi doit y être ajoutée, en témoin de quoi nous avons délivré le présent. A Castres, le vingt-quatre Prairial, l'an deuxième de la république Française, une & indivisible.

Suivent les signatures & le sceau.

Au nom de la République Française.

CARTE D'HOSPITALITÉ.

La Municipalité de Castres, considérant que le Citoyen Pierre-Antoine Duprat, Suisse d'origine, domicilié en France depuis mil sept cent quatre-vingt-sept, (vieux style) marié avec une Française de cette cité, s'est rendu à l'assemblée du conseil général de la Commune, dans la huitaine qui a suivi la publication de la Loi du 6 Septembre 1793, contenant des mesures de sûreté, relative aux étrangers qui se trouvent en France, pour remplir les conditions de ladite Loi;

Que ce Citoyen y a présenté les certificats de civisme, qui lui ont été délivrés par les conseils généraux des Communes de Bergerac & Montauban, ainsi que les diplomes des Sociétés populaires desdites Communes, & autres pièces justificatives de son civisme;

Considérant que depuis son séjour dans cette cité, le Citoyen Duprat s'est toujours distingué par son patriotisme & par son zèle ardent pour le succès de la révolution, qu'il a singulièrement contribué à rehausser l'esprit public dans cette Commune, où il a constamment encouragé les patriotes & poursuivi les aristocrates & les malveillans;

Ouï l'Agent national,

ARRÊTE à l'unanimité que le Citoyen Pierre-Antoine Duprat est admis par la république Française au bienfait accordé par la Loi aux étrangers, dont le civisme est reconnu, & que le présent arrêté lui servira de carte d'hospitalité. Délibéré dans la maison Commune le cinq Pluviôse, l'an second de la république Française, une & indivisible.

Suivent les signatures & le sceau.

Je soussigné Juge au Tribunal du District de Castres, Département du Tarn, à défaut du Président, certifie à qui il appartiendra, que les signatures apposées à la carte d'hospitalité ci-dessus, & de l'autre part écrite, sont les vraies signatures des Maire, Officiers municipaux & Agent national de la Municipalité dudit Castres. En foi de quoi j'ai octroyé les présentes, contresignées par le Greffier du Tribunal. A Castres le vingt-deux Prairial, l'an second de la république Française, une & indivisible.

Suivent les signatures & le sceau.

Vu & légalisé par nous Administrateurs du Directoire du District de Castres, le vingt-quatre Prairial, l'an deuxieme de la république Française, une & indivisible.

Suivent les signatures & le sceau.

République Françaiſe, une & indiviſible.

Nous, Préſident & Secrétaires de la Société populaire de Caſtres, Département du Tarn, atteſtons à toutes les Sociétés populaires de la République, que le Citoyen Pierre-Antoine Duprat, membre de cette Société, eſt patriote de quatre-vingt-neuf, qu'il a conſtamment marché dans le ſens de la révolution, qu'il a donné dans tous les temps & dans les circonſtances les plus critiques & les plus périlleuſes, les preuves les plus énergiques de ſon entier dévouement à la République, une & indiviſible, à la Convention nationale, & de l'adhéſion la plus formelle aux journées mémorables du 31 Mai, premier & 2 Juin, qui ont ſauvé la République & la Liberté. En conſéquence nous invitons toutes les Sociétés populaires de lui faire l'accueil le plus fraternel, comme nous le ferions aux membres de ces Sociétés, qui ſe préſenteront à nous munis d'un pareil certificat.

Lu & délibéré en la ſéance publique du 15 du mois de l'an ſecond de la République Françaiſe, une & indiviſible.

Suivent les ſignatures & le ſceau.

DIPLOME.

Société populaire de CASTRES, chef-lieu du Département du Tarn, affiliée à celle des Jacobins de Paris.

Nous membres compoſant la Société populaire de Caſtres, atteſtons en hommes libres, que le Citoyen Pierre-Antoine Duprat, domicilié à Caſtres, âgé de trente-un ans, taille de cinq pieds deux pouces, cheveux & ſourcils châtains, yeux bleus, nez ordinaire, bouche petite, menton pointu, front carré, viſage long, eſt membre de notre Société, reépurée le cinquième jour de Floréal de l'an fecond de l'ère républicaine, fous le rapport politique & moral; qu'il a été trouvé pur au crufet du patriotifme & de la vertu, & qu'à ce double titre il mérite d'être regardé & accueilli comme frère & comme ami par tous les véritables Républicains.

Délivré à Caftres, le 24 Prairial, l'an fecond de la République Françaife, une & indivifible.

Suivent les fignatures & le fceau.

En eft-ce affez pour prouver que je fuis bon Républicain? Eh! comment ne le ferais-je pas, *qui fuis-je ?* le fils d'un homme qui a conftamment mis en pratique les vertus républicaines, le fils d'un fimple cultivateur, du patrimoine qu'il reçut de fes pères : *d'où fuis-je ?* de cette terre heureufe où les enfans fucent avec le lait l'amour de la Liberté, & où les premiers mots qu'ils begayent font ceux de Patrie & de République; *où fuis-je ?* dans une République naiffante, la feule peut être véritablement digne de ce nom ; dans une République qui, en même-temps m'appelle à l'honorable droit de Citoyen, & brife le glaive enfanglanté du fanatifme fufpendu fur la tête des miniftres proteftans, par la main de la barbare tyrannie ; dans une République à laquelle je fuis attaché par les liens les plus doux au cœur de l'homme, & les plus puiffans pour un bon Citoyen ; je ne démentirai point mon origine ; je ne déméritérai point de la Patrie adoptive avec laquelle jai identifié mon exiftence.

Enfin, je les poffede ces omiffions faites dans la rédaction du procès-verbal du 24, avec les nouveaux faits qu'on me cote depuis cette époque ; je vais en peu de mots en relever les erreurs & omiffions : lecteur ayez fous les yeux le rapport de la commiffion nommée le 28 Fructidor.

I. Ce n'eſt pas ſeulement pour avoir prononcé le mot de bougre que je demandai qu'Affignes fût rappellé à l'ordre, mais pour avoir fait un geſte menaçant, & avec le ton de la fureur contre le dénonciateur de Ducru ; s'il ne méritait pas d'y être rappellé, je conviens que j'ignore ce que c'eſt qu'ordre ou déſordre dans une ſociété populaire.

L'événement n'a que trop prouvé combien j'étais fondé à demander ce rappel à l'ordre, puiſqu'un autre ſociétaire, juſqu'ici ignoré de la ſociété, & qui vient d'y jouer un des premiers rôles contre moi, puiſque Vaſſan, enhardi ſans doute par l'impunité d'Affignes, ſe permit enſuite dans une ſéance, de provoquer avec le ton de la fureur Grach, à ſortir avec lui, parce qu'il demandait avec étonnement ce qu'était Vaſſan ? Grach fut auſſi ſage que Vaſſan fut audacieux ; mais la queſtion de Grach n'a pas été perdue, & on pourra peut-être dans peu lui fournir les réponſes.

Du reſte je rendis juſtice aux idées d'Affignes, & je dis qu'elles m'avaient quelquefois fait d'autant plus de plaiſir, que la nature ſeule les lui dictoit ; mais que tout comme je ſavais lui rendre juſtice, & l'applaudir quand il parlait principes, je ſavais auſſi l'improuver lorſqu'il s'en écartait ſi étrangement : je ne ſuis pas flatteur, je l'ai déjà dit, je ſuis d'une franchiſe trop auſtère peut-être pour des hommes qui ne font que ſe régénérer ; mais j'aime mieux être la victime généreuſe de ma ſincérité, que le vil eſclave de la diſſimulation.

D'ailleurs je n'ai jamais traité ni avec arrogance, ni avec mépris aucun ſanculotte, je défie Affignes d'en fournir une ſeule preuve ; mais il eſt vrai que je ne fais pas, vis-à-vis de mes frères, ce que font certaines perſonnes, qui ſaluent l'un, touchent affectueuſement la main à l'autre, font un ſourrire gracieux à celui-ci, diſent une choſe agréable à celui-là, flattent tout le monde, & font paraître au-dehors une popularité, une familiarité que d'autres portent dans le fond du cœur ; chacun a ſon caractère, chacun a ſa manière de respecter la dignité de la nature humaine, la mienne consiste à ne jamais flatter qui que ce soit.

II. Je ne répondis pas à Severac, que quoique sans talens, il parloit souvent sans être interrompu; mais je lui dis que malgré qu'il n'eût pas autant de lumières & d'éloquence que tel autre, il parlait plus que personne, & qu'il devenait ainsi la preuve que je ne voulais pas interdire la parole à ceux qui n'avaient pas autant de moyens que tel autre.

Et certes lorsque la nature n'a donné à un homme que des talens ordinaires, & que l'éducation n'a pas aidé la nature, il est permis, je crois sans injustice, de dire de cet homme, quand il parle toujours, ce que j'en dis au moment où il dénaturait le rappel à l'ordre demandé à l'égard d'Assignes.

III. Il est vrai que Severac, au sortir de la Société, m'accusant de domination, je lui répondis, nous verrons qui sont les véritables dominateurs, celui qui a poursuivi les Gineste & les Fabre, qui dominaient la Société, ou celui qui les a défendus, lors même qu'ils étaient déjà à moitié ensevelis dans la tombe de l'indignation publique. Severac se garda bien de dire à la Société, tandis que j'y étais, qu il n'avait jamais été le partisan de Fabre & de Gineste; il savait bien que cette imposture aurait été trop grossière & trop facile à détruire, si Severac n'a pas été *le partisan*, *l'ami intime*, *le défenseur ardent* de ces deux hommes, il faut donc rayer ces mots de notre langue, ou en changer la signification; j'en appelle aux discussions qui eurent lieu à l'époque de leur réjection, ainsi qu'au Représentant du peuple Bô, qui en fut le témoin.

IV. Ici je ne veux relever ni erreur ni omission, mais une calomnie; il n'est pas vrai que j'aie jamais agi violemment contre aucun reclu; mais il est vrai que j'ai agi rigidement d'après les principes & les Décrets ; il n'eſt pas vrai que j'aie jetté de la défaveur ſur mes collègues du Comité révolutionnaire, en les accuſant d'une rigueur exceſſive ; je n'ai jamais dit un mot qui pût compromettre mes collègues en faiſant connaître leur opinion : je défie Severac de prouver que ce qu'il avance ici n'eſt pas une calomnie ; il eſt vrai que j'ai été le premier à embraſſer certains reclus, après leur jugement, quoique j'euſſe voté pour leur réclusion, parce que, forcé par les Lois de les reclure, j'avais la conviction intime qu'ils avaient été égarés, plutôt que coupables, & que je fus le premier & le plus ardent à manifeſter mon opinion aux Repréſentans du peuple qui les jugerent ; j'invoque leur témoignage qu'ils ne me refuſeront pas s'il m'eſt néceſſaire.

V. Ici je releve, 1°. la calomnie d'Aſſignes, qui dit que j'ai pleuré à la mort de Robeſpierre, je déclare que le fait eſt faux, & que je ne ſuis pas de ceux qui pleurent facilement ; je releve enſuite l'inexactitude de la réponſe que l'on me fait faire à ce reproche ; je répondis en diſant, qu'étant encore dans mon lit, mon ami Grach vint m'apprendre que Robeſpierre, Couthon & Saint-Juſt avaient été guillotinés, qu'il ne ſavait autre choſe, mais qu'il l'avait ouï dire ; je crus au premier moment qu'il y avait eu un mouvement contre-révolutionnaire à Paris, & je manifeſtai à Grach la douleur la plus vive ; je fais chercher les nouvelles, nous y liſons que Robeſpierre & ſes complices étaient des traîtres ; j'étais Préſident de la Société populaire, auſſitôt je la convoque extraordinairement, j'y parle avec l'énergie de l'indignation contre les trois ſcélérats ; je fais faire la lecture des nouvelles, elle eſt interrompue par une lettre de la Société populaire de Saint-Pons, qui, allarmée & incertaine, demandait d'être fixée ; je prends la plume, je rédige la lettre, la ſoumets à la Société qui l'adopte ; elle exiſte, & elle peut ſervir de preuve aux ſentimens dont j'étais animé ; le lecteur eſt fatigué, je le remplace,

& après la fin de la lecture, je provoque une adresse à la Convention, pour la féliciter sur son courage & sur sa justice, &c. l'adresse est délibérée, deux jours se passent sans qu'elle soit rédigée, un sociétaire me demande de le faire, je lui donne la rédaction même de celle du Comité que j'avais faite, & elle est adoptée à la Société; voilà qu'elle fût ma conduite à la nouvelle du supplice du triumvirat; je défie l'astuce la plus consommée d'y trouver un fait qui ne caractérise le plus pur, le plus ardent amour de la Patrie, & l'homme le plus prononcé contre les hommes odieux, qui avaient si criminellement trompé la confiance publique.

VI. Quant à mon ami Kœnig, si hardiment calomnié par Affignes, je provoque sur son compte le jugement des Sociétés populaires de Clairac, Lafite, Tonneins & une foule d'autres dont il possède les témoignages les plus honorables; & puisqu'on me force à le faire, je rends publique la lettre du Représentant Paganel, adressée à cet ami & laissée entre mes mains, parce qu'elle renferme un article qui me regarde; ce Représentant ne m'en saura pas mauvais gré, car il aime la justice & sera charmé d'avoir contribué à la rendre publiquement lorsque la calomnie est publique.

Paris, le 11e. Messidor, l'an second de la République Française, une & indivisible.

PAGANEL, Représentant du Peuple au Citoyen *Kœnig.*

Tu as éprouvé, Citoyen, les inquiétudes que la révolution réserve aux contre-révolutionnaires ou hommes suspects, toi qui as porté parmi nous le caractère & l'esprit républicain. S'il falloit provoquer une mesure partielle qui te mit à l'abri de l'arrêté de Monestier, je le ferois sur la simple lettre que tu m'as écrite. Je m'honorerois même de venir au ſecours d'un Suiſſe, digne par ſes principes de la nation chez laquelle il a porté ſes talens. Oui, tu es notre frère comme républicain, & notre ami comme Suiſſe, un philoſophe n'a pas été prêtre.

Il n'exiſte plus que deux claſſes, les bons & les mauvais citoyens. Ceux qui rappellent par des meſures générales l'antique exiſtence des caſtes & des ordres, ne ſont ni politiques ni juſtes. Ils ſont bien loin de ſe modéler ſur la Convention & ſur le Comité de ſalut public.

Mon collègue Moneſtier n'a pas tardé à ſentir cette vérité. Il a ramené ſon arrêté aux principes. De plus, le Comité de ſalut public, ſur une réclamation & celle de Bouſſion, a écrit une circulaire aux Agens nationaux, pour reſtreindre aux ſeuls fanatiques l'exécution de l'arrêté qui t'a cauſé de l'inquiétude. Ceſſe d'en avoir. Tu n'es pas étranger, & tu ſers la Nation à laquelle tu t'es aſſocié. Si tu veux mettre le comble à ta tranquillité, fais une pétition au Comité de ſalut public, pour être mis en réquiſition, à raiſon de l'état que tu profeſſes, & fais la moi paſſer avec toutes les atteſtations de tes ſervices & de ton civiſme. Mais tu n'en a pas beſoin. N'ayant que peu de temps pour écrire, & beaucoup d'affaires à traiter, je dirai ici un mot à notre ami Duprat.

Pourquoi crains tu, Duprat, que parles tu de Suiſſe & de paſſe-port. N'es tu pas marié avec une Françaiſe, n'es tu pas Fonctionnaire public? Attaque-t-on ton patriotiſme? Doute-t-on des ſervices que tu as rendus à la révolution? Juſques-là ſois tranquille; & ſi les choſes en venoient là que tu fuſſes chicané, compte ſur moi. Mon témoignage ſera, j'eſpère, entendu.

Saint André eſt arrivé hier, je lui ai parlé de toi & de ton inquiétude. C'eſt encore une de ces précipitations que je t'ai reprochées. Toi Suisse, tu vas vite comme un Français de l'ancien régime. Adieu, tourne tes regards vers la Convention, saisis-toi de l'esprit qui la dirige, & sers t'en pour éclairer tes Concitoyens & modérer, sans modérantisme, l'impétuosité des motionnaires qui tourmentent les Sociétés populaires. Celle de Castres n'est plus la même, elle s'est défaite du mauvais génie qui y empoisonnoit le bon esprit du peuple. Adieu, mon cher Duprat, rappelle moi au souvenir des patriotes. Dis tout haut qu'il m'est impossible de répondre à tout le monde, mais que je fais de bon cœur tout ce qu'on me demande & qui se concilie avec l'intérêt général. Je t'embrasse.

PAGANEL.

VII. Quant à l'inculpation de Lebrun, je le dis l'ame indignée & navrée de la perversité humaine, elle est le comble, le dernier dégré où cette perversité puisse être portée : Quoi ! Lebrun, tu me fais un crime d'un propos tenu en présence de plusieurs témoins, avec l'air, le ton, l'accent de la plaisanterie de ma part, & reçu de même de la tienne ; mais pense Lebrun, que ce propos est le comble du ridicule de la bouche de tout autre que d'un insensé. Quel est l'homme auquel tu prétendras persuader que j'ai voulu sérieusement te faire déclarer suspect pour l'emplacement d'un monument, dans un lieu plutôt que dans un autre ? Aussi ne répondis-tu rien lorsque je donnai cette explication à la Société populaire : Ton silence fut l'aveu de ta perfidie ; je voudrais me tromper, & croire que la passion ou l'irréflexion furent la cause de cet oubli étrange de la bonne foi.

VIII. Quant à la citoyenne Sudre, voici le fait dans toute sa pureté : cette citoyenne vint me demander au Comité, un jour où j'étais extraordinairement occupé d'affaires publiques, elle me demandait mon avis sur les démarches qu'elle se proposait de faire auprès du Représentant Dartigoyte, pour obtenir la réclusion de sa mère chez elle ; préoccupé comme je l'étais, je crus qu'elle demandait que le Comité donnât son avis pour ce changement de réclusion, je lui répondis, non pas avec hauteur car je n'en eut jamais, mais avec cette vivacité que ceux qui ne me connaissent pas prennent pour de l'orgueil ; je lui répondis que je ne pensais pas que ce fût l'avis du Comité, que ce n'était pas le mien, que je m'y opposerais ; elle insista, je persiste ; en s'en allant, elle me dit, tu me la payeras ; je lui réponds que ce propos menaçant était capable de la rendre suspecte & elle s'en fut. Après la séance un de mes amis m'explique ce que voulait la citoyenne Sudre ; fâché de m'être mépris, je fus avec empressement auprès d'elle, je lui témoignai mon regret de ne l'avoir pas comprise, & je lui donnai mon avis comme Citoyen & non comme membre du Comité. La citoyenne Sudre est fille d'un ci-devant noble émigré, sœur d'émigré, elle a sa mère en réclusion, & ne la évitée elle-même, que parce que, réputée long-temps hydropique, elle s'est unie ensuite à un nom noble qui avait causé l'heureuse hydropisie, dont elle s'était délivrée par d'heureuses couches. Cette Citoyenne est jeune & jolie, par conséquent peu accoutu[illegible]ée aux ref[illegible]s, le mien la piqua.

IX. Quant à l'inculpation de Rodière j'y ai répondu dans le corps de l'adresse dénonciative de la Société : je me contenterai de dire ici que ce Citoyen fut le plus chaud & le plus constant défenseur de Gineste & de Fabre ; qu'il prétendait entr'autres qu'on pouvait *gracier* ce dernier des faits contre-révolutionnaires dont il est accusé, à raison de ce qu'il avait fait depuis l'époque du 31 Mai, & qu'il ne fallut rien moins que ma fermeté & la logique de mes argumens, pour faire taire les misérables sophismes, au moyen desquels il voulait empêcher la chûte de cet ami ; j'en appelle encore au témoignage du Représentant du peuple Bô, qui s'indigna de l'acharnement de Rodière, à défendre la cause de l'aristocratie la plus caractérisée.

X. Je n'ai jamais menacé d'écrire aux Représentans ni à la Convention ; mais j'ai dit, ce que je dirai encore, c'est que si j'étais la victime de l'intrigue ou de l'erreur, je m'adresserais, & aux Représentans qui me connaissent, & à la Convention, de laquelle je ne crains pas d'être connu ; c'est ce que je dis, & c'est ce que j'ai fait.

Il est bon d'observer que dans les dénominations données aux votans contre moi, on a eu soin d'en rendre quelques-unes si vagues, qu'il est impossible à tout Citoyen qui n'est pas de Castres de savoir qu'elle est la qualité du votant ; par exemple, pour les commis au Département, on a mis simplement *au Département*, comme si on avait voulu laisser croire que c'étaient des Administrateurs, & que leur suffrage était d'un plus grand poids, ou que celui des commis est d'un poids moindre ; tandis que dans les votans pour moi on n'a jamais mis aucune qualité, malgré que précisément les Administrateurs, & du Département & du District qui voterent soient de ce nombre, à l'exception d'un seul que je me fais un devoir de citer, *Périllé*, Administrateur du District ; je ne dirai pas non-plus que Severac, mon dénonciateur, ainsi que ses deux frères ont voté contre moi.

Je ne parlerai pas non-plus d'un événement qui eut lieu le matin même du jour où ma rejection fut proposée ; je ne dirai pas que dans la maison qu'habite le Citoyen Rodière, Substitut de l'Agent National de la Commune, il y eut un rassemblement de 64 Citoyens au moins, dont le but, à ce qu'ils ont dit, était la souscription d'un repas fraternel : mais je ferai observer, d'un côté, que jusques à cette époque ces sortes de souscriptions s'annonçaient & se faisaient en pleine Société populaire ; d'un autre côté, que la très-grande majorité de ceux qui avaient souscrit ont voté contre moi ; j'observerai enfin, que ce rassemblement était si peu naturel, que le Comité révolutionnaire en conçut de l'inquiétude pour la tranquillité publique, & que ce fut une des grandes raisons qui déterminerent son adresse, après que la Municipalité eut elle-même constaté le rassemblement: Cette circonstance, qui fournit un rapprochement frappant avec mon exclusion pourrait l'expliquer en partie, mais je ne veux pas en faire usage, je crois en avoir dit assez pour n'en avoir pas besoin. Je passerai aussi sous silence l'omission dans la liste des votans pour moi, du vote du Citoyen Delthil.

DUPRAT.

A CASTRES,

De l'Imprimerie du Citoyen AUGER, l'an troisième de la république Française.

www.ingramcontent.com/pod-product-compliance
Ingram Content Group UK Ltd.
Pitfield, Milton Keynes, MK11 3LW, UK
UKHW022142260726
13993UKWH00005B/2100

9 782019 710385